नयी सुबह तक

ਰਸ ਸਰੂਪ ਸਿਸ

नयी सुबह तक

शिव रमन

वाणी प्रकाशन

वाणी प्रकाशन

4695, 21-ए, दरियागंज, नयी दिल्ली 110 002

फ़ोन : +91 11 23273167 फ़ैक्स : +91 11 23275710

शाखाएँ

अशोक राजपथ, पटना 800 004, बिहार

कॉफ़ी हाउस कैम्पस, महात्मा गांधी मार्ग, इलाहाबाद 211 001, उत्तर प्रदेश

महात्मा गांधी अन्तरराष्ट्रीय हिन्दी विश्वविद्यालय, वर्धा 442 001, महाराष्ट्र

www.vaniprakashan.in
marketing@vaniprakashan.in
sales@vaniprakashan.in

NAYEE SUBAH TAK
by Shiv Raman

ISBN : 978-93-88434-54-6
Collection of Poems

प्रथम संस्करण 2019

मूल्य : ₹ 399

एम.एस. प्रिंटर्स, दिल्ली-110 095 में मुद्रित

वाणी प्रकाशन का लोगो मक़बूल फ़िदा हुसेन की कूची से

बस इतना ही...

बस कुछ अधिक नहीं! केवल इतना कि हम इस बढ़ते प्रदूषण में, टी.वी., पी.वी.आर. और मॉल से मिश्रित फैलती नयी सोच में, भूल गये हैं कि हमारा एक अतीत था और एक भविष्य है। वो अतीत जिसकी आधारशिला पर हमारा वर्तमान जीवन, हमारी सभ्यता और संस्कृति टिकी हैं। वह भविष्य जिसकी चमकीली आँख में हमें सैकड़ों आशाओं की किरणें दिखती हैं।

कुछ खो कर कुछ पाना है तक तो बात समझ में आती है। लेकिन सब कुछ खो कर कुछ प्राप्त करने की चाह, समझ में नहीं आती। जीवन एक संघर्ष है और एक साधारण व्यक्ति के लिए तो एक संघर्ष भी और एक युद्ध भी। दिन से रात और रात से दिन, निरन्तर ना ख़त्म होने वाला संघर्ष और युद्ध। सफल होने की चाह किसे नहीं होती। लेकिन यदि लक्ष्य सिर्फ़ सफलता हो तो साधन दरकिनार हो जाते हैं और मानव मूल्यों की बलि चढ़ जाती है।

मानव पहले से कहीं कम संवेदनशील हुआ है। अब उसे कुछ फ़र्क नहीं पड़ता। कितना ही समाज में अत्याचार हो, कितना ही हाशिए पर खड़े लोगो का शोषण हो, कितनी ही महिलाओं की दुर्दशा हो, उनके साथ दुराचार हो। कुछ फ़र्क़ नहीं पड़ता। वो तो बस चुप है। मूक है। दर्शक है। केवल मूक दर्शक।

प्रकृति में परस्पर प्रेम एवं सन्तुलन का जो सन्देश विद्यमान है एवं सनातन नियम प्रचलित हैं उससे उसने नाता तोड़ सा लिया है। कृत्रिम जीवन की शैली अपनाकर कच्ची मिट्टी के गुँधे आपसी एवं पारिवारिक रिश्ते, बनाता रहता है, तोड़ता रहता है। समाज में एक कच्चापन, थोथलापन, ख़ालीपन आ गया है।

इस खोखलेपन और ख़ालीपन के रहते मनुष्य अपनी आध्यात्मिक तलाश से भी भटक गया है। अध्यात्म का जीवन में जो महत्त्व हमारे पूर्वजों ने खोजा था और धरोहर के रूप में हमें दिया था उसको कहीं हम भौतिक विकास के पथ पर लुटा चुके हैं और खो चुके हैं। उस तलाश को जारी रखना होगा और इस भटकाव को समाप्त करना होगा।

गिरती संवेदनशीलता, मानवमूल्यों के ह्रास, कृत्रिम जीवन एवं उसके सूनेपन की ओर एक संकेत करती हैं इस संकलन में सम्मिलित ये कविताएँ।

स्वीकार करता हूँ कि भाषा मिलीजुली है, शब्द गंगा-जमुनी तहज़ीब से जुड़े हैं। फिर भी सहज हैं। समाज से जुड़े हैं। अपनी बात कहने में सक्षम हैं।

नयी सुबह तक प्रयास करना चाहिए। जहाँ भी हम हैं, जिस मुक़ाम पर हैं, जिस भी अवस्था में हैं, नयी सुबह तक प्रयास करना चाहिए ताकि यह मानव संवेदनशीलता लुप्त ना हो। अपने गौरवमय अतीत के तानेबाने को बचाये रखें। अपनी आध्यात्मिक संस्कृति को सहेज कर रखें और सार्थक जीवन की एक सौगात, एक धरोहर, एक सुन्दर विरसा अपनी आने वाली सन्तानों के लिए छोड़ कर जाएँ।

–शिव रमन

सूक्ष्म मनोभावों की सशक्त अभिव्यक्ति

बहुमुखी प्रतिभा के धनी श्री शिव रमन एक कुशल उच्च प्रशासक होने के साथ-साथ संवेदनशील साहित्यकार के रूप में भी सुविख्यात हैं। अंग्रेज़ी तथा हिन्दी दोनों भाषाओं में समान रूप से रचनारत श्री शिव रमन की संवेदना-परिधि में अंग्रेज़ी साहित्य, भारतीय कला-संस्कृति, योग तथा ज्योतिष भी शामिल हैं। साहित्यिक परिवेश में एक समर्थ कवि के रूप में अपनी पुख़्ता पहचान दर्ज करवाने वाले श्री शिव रमन का नवीनतम काव्य-संग्रह 'नयी सुबह तक' उनकी सृजन-यात्रा का महत्त्वपूर्ण पड़ाव है।

इस संग्रह की कविताओं से गुज़रना मेरे लिए अत्यन्त सुखद अनुभव रहा। श्री शिव रमन का यह संग्रह संश्लिष्ट कथ्य की कसावट तथा सहज शिल्प की बुनावट की वजह से उनके पिछले काव्य-संग्रहों से अधिक प्रभावपूर्ण तथा विचारोत्तेजक है। इन कविताओं की पृष्ठभूमि में रचनाकार का जीवन के प्रति स्वस्थ तथा सकारात्मक दृष्टिकोण अन्तःसलिला की तरह सर्वत्र प्रवाहमान रहा है।

उपभोक्तावादी अपसंस्कृति तथा भौतिकवाद की आँधी में लुप्त होते परम्परागत जीवन-मूल्यों का बिखराव कवि को निरन्तर आन्दोलित तथा उद्वेलित करता रहता है। वह समाज की जड़ता तथा मानसिक संकीर्णता के विरुद्ध अपना आक्रोश व्यक्त करते हुए भी, जीवन के प्रति अटूट आस्था का दामन कभी नहीं छोड़ता। संघर्षशीलता तथा मानवीय जिजीविषा की अलख जगाने वाला यह रचनाकार अपनी कविताओं में 'रोमांस' तथा 'रिबेलियन' को एक साथ एक ही सूत्र में पिरोकर हमारे समक्ष प्रस्तुत करता है।

कवि की यह विलक्षण उपलब्धि ही उसे चालू मुहावरे की हिन्दी कविता के इस दौर में विशिष्ट स्थान प्रदान करती है। सहज, सरल तथा सुबोध आम आदमी की भाषा में लिखी इन कविताओं में समसामयिक समाज के अन्तर्विरोध तथा जीवन की विसंगतियों का अंकन बिना किसी लाग-लपेट के हुआ है।

सामान्य जन के जीवन-संघर्ष, उनकी आशाओं, आकांक्षाओं तथा सपनों को चित्रित करते हुए श्री शिव रमन सूक्ष्म मनोभावों को बड़े ही ख़ूबसूरत तरीके से काग़ज़ पर उतारते हैं। कवि की दृष्टि-सम्पन्नता तथा समाज के प्रति रचनाकार का उत्तरदायित्व-बोध इन कविताओं की मूल-संवेदना तथा सरोकार बन कर उभरा है।

इस संग्रह की कुछ कविताओं में जीवन की रागात्मकता तथा उदात्त प्रेम का अद्भुत चित्रण हुआ है। मानव-मन के सूक्ष्म मनोभावों की चित्रात्मक अभिव्यक्ति ने इन कविताओं को अत्यन्त आत्मीय, भावप्रवण तथा हृदय-ग्राही बना दिया है। इन कविताओं की भावभूमि में सूफ़ी काव्य-परम्परा का रहस्यवाद अपनी गाढ़ी अनुभूति के साथ विद्यमान है। आध्यात्मिकता के आलोक ने इन कविताओं को इतना प्रभावशाली बना दिया है कि बहुत देर तक कविता मन-मस्तिष्क पर छायी रहती है।

समग्रतः यह काव्य-संग्रह अपनी पठनीयता तथा सृजनात्मक उत्कृष्टता के लिए न सिर्फ़ सराहा जायेगा अपितु हिन्दी काव्य-परम्परा को समृद्ध करने में भी अपना महत्त्वपूर्ण योगदान देगा।

–माधव कौशिक

अनुक्रम

नयी सुबह

नीलकण्ठ

तेरी ख़ुशबू

नयी सुबह

मुझे इस बात का ग़म था

मुझे इस बात का ग़म था कि सब चुप थे।
बस एक रहनुमा रुख़सत हुआ।
बुलन्द थी आवाज़ जिसकी ख़ुद्दार पाक था।
रहमदिल वतन पर मिटने वाला
एक शख़्स सो गया
न उठने के लिए
फिर भी सब चुप थे।
मुझे इस बात का ग़म था कि सब चुप थे।
बड़ी बेरहमी से मारा था उसे
इस नंगी व्यवस्था ने
मुझे इस बात का ग़म था कि फिर भी सब चुप थे।
और निर्जीव तमाशबीनों का एक हुजूम
शहर के बीचों-बीच हाथ बाँधे खड़ा ही रहा।

एक कहानी

एक कहानी
न राजा न रानी
यह कैसी कहानी
रोज़ी की तलाश में निकला सेनानी
हर सुबह सब की ज़ुबानी
यह कैसी कहानी।

न महलों के सपने
न घोड़े ये अपने
सुबकती पुरानी
ग़रीबों की जानी
यह कैसी कहानी
न राजा न रानी।

दिन का युद्ध यदि जीत लिया तो
इक दिन का राजा
इक दिन की रानी
हर दिन की बस यही कहानी।

आरज़ू मोहब्बत के दीये कभी जलते
सपने सलौने यूँ ही फिसलते
आँसू झलकते
बस दिन-राती
न तेल न बाती

ये झोंपड़-पट्टी
बस यही कहानी
न राजा न रानी।

कभी एकटक देखते
न पलकें झपकते
यूँ ही दिन सरकते
रातें सिमटतीं
और ज़िन्दगी ये
दिन की दहलीज़ पर
हर रोज़ गुर्राती
न किस्मत हारती
न अनुभव कभी जीतते
बस यही कहानी
न राजा न रानी।

कभी सेनानी ढूँढ़ता
जीवन के भेद
क्षितिज में वेद
पूर्व में पुराण
पश्चिम में ख़ुदी है अल्लाह क़ुरान
ईसा का झूलता पार्थिव शरीर
सड़क के किनारे दबा हुआ पीर
देते हैं सबको इक यही तक़रीर
सह सब दुख को
बन जा महान
आस्था सहज को बना ले मचान
भर सकता है जिससे
अपने दिन की उड़ान।

या फिर
युगपुरुष की आकाश में उठती उँगली

काले बादल में चमकती सफ़ेद बिजली
बाज़ीगर का अंगारों के अहम का जीतना
नटनी की तार पर उठापटक
जूझते जीवन का बहता पसीना
किसी एक तस्वीर को मन में उतार ले
बोझ को सम्हाल ले
जी ले अपना दिन और
जी ले अपनी शाम
कहीं तो पड़ाव डाल दे
कहानी को ना दे पूर्ण विराम।

कोई मतलब के बिना

कोई मतलब के बिना मिलता नहीं ज़माने में
खोजता रहता हूँ मैं इक इनसान ज़माने में
ख़ुदी के आलम से उठा हो वो अज़ीम
फिर क्या फ़र्क है उसमें और ख़ुदा में
मेरी आरज़ू है कि ख़ुदी का आईना तोड़
लाँघ लूँ ख़ुद को
पर तुम तो रहते हो गुम
अपनी बेबाक मस्ती में
और फिर है भी क्या
इस नाचीज़ हस्ती में
बड़ा आला है मुक़ाम
उस इनसाँ का
जो जानता है ख़ुद को
उस ख़ुदा से पहले।

किसी के कहने पर

किसी के कहने पर
कब करता है कोई
दिल से निकली
तो ज़र्रे को आसमान बना दिया
लाख कोशिश की तब भी मनसूबे ना बँधे
दिल से निकली तो
झोंकों को तूफ़ान बना दिया।

दिल बड़ा होना चाहिए साहब

दिल बड़ा होना चाहिए साहब!

छोटी हरकत
संकुचित सोच
तो तिनके हैं वक़्त के
सब बिखर गये

दिल बड़ा होना चाहिए साहब!

वो बात बात में उलझना
वो तिल का पहाड़
वो बात का बवाल
उबाल हैं वक़्त के
सब ठहर जायेंगे

दिल बड़ा होना चहिए साहब!

वो नयी पुरानी रंजिश
वो नयी पुरानी चुभन
वो रस्मों रिवाजों की जकड़न
गोटियाँ हैं वक़्त की
सब मिट जायेगी

दिल बड़ा होना चाहिए साहब।

कैसी-कैसी भावना

कैसी-कैसी भावना से जुड़े हैं आँसू
मुस्कुरा के देखा तो निकल पड़े ये आँसू
बहारों के आँचल में भी भरे पड़े हैं आँसू
वो कभी रोए भी न थे
खुश हुए तो इतना कि
निकल पड़े ये आँसू।

वो तो झुक झुक के

वो तो झुक झुक के
सलाम करते हैं
अपनी अपनी आदत है
यों ही सलाम करते हैं

झुक झुक के
कई बावजह और कई बेवजह
सलाम करते हैं।

यों ही झुकना तो सीखा नहीं
किसी भी शय पे
और न तो आदतन ही
सलाम करते हैं।

मैंने रास्तों को ही
समझ लिया था मंज़िलें
सफ़र में ही रहे सब दिन
अब सिर्फ़ कलाम करते हैं।
और लोग सलाम करते हैं।

पक्षी का आना जाना

पक्षी का आना जाना
पेड़ों पर बैठ कर चहचहाना
किसी डाल पर बैठकर
इक गाना गाना
और फिर उसे भूल जाना।
पक्षी का नीले आकाश में उड़ना
फिर लौट झुरमुट में फड़फड़ाना
है सिर्फ़ एक बहाना
दिखलाने को कि
जीवन कैसे जीते हैं।
रात को दिन से
कैसे सीते हैं
सुबह-शाम के धागों से।
समय का चक्र
चलता रहता
और आवाज़ आती है
कभी-कभी उन होंठों से
जो कभी बोलते भी न थे
चुप थे
केवल नामों में
जाति में
रिवाज़ों में
बँधे रहते थे।
प्रकाश का दीप जब निकलता

सुबह-शाम को अस्त हो जाती
फिर भी समय का चक्र चलता रहता
और चलता रहता
पक्षी का आना जाना
पेड़ों पर बैठ चहचहाना।

एक अच्छे स्थान पर

एक अच्छे स्थान पर
बैठ कर
सोचना और महसूस करना
अच्छा लगता है।

नये लोगों से मिलना
उनके विचारों का जानना
नये दीप जलाने सा
हो जाता है।

और फिर
चकाचक
ऐसा प्रकाश फैलता है
आँखें
चुँधिया जाती हैं जिससे।

एक बात

एक बात
एक रात
एक नयी सुबह
एक नयी बात।

आओ चलें
बदलें
फिर देखें
नये सूरज को
एक नयी आँख से।

जागते रहो

जागते रहो
सोना नहीं मित्र
भागते रहो
रोना नहीं मित्र।

जागते रहे
अगर लगातार
तो सत्य की चमकीली
झलक एक दिन
ज़रूर पाओगे।

मगर सोते रहे
तो सपने से सपना ही बुन कर
रह जाओगे।

और मिस्र देश का
सुनसान में खड़ा
पिरामिडी बवण्डर ही
बन कर रह जाओगे।

भागते रहो
सोना नहीं मित्र।

क्योंकि
अगर भागते रहे
तो एक दिन
मंज़िल को पा ही लोगे
और अगर रुक गये
तो न तुम्हें कोई रोने देगा
और न कोई सोने देगा।

पीछे देखोगे

पीछे देखोगे
तो
परछाईं ही देखोगे
और परछाइयों के सीने में
साँसें नहीं होतीं
बातें बहुत होती हैं
लेकिन
आँखें नम नहीं होतीं।

परछाइयों के चेहरों पर
न रंग न चमक
बोझिल आकृतियाँ
फैलती सिकुड़ती
पीछे देखोगे तो बस
इन्हें ही
देखोगे।

नयी हवेली

नयी हवेली
पुरानी हवेली की तरह
धूप में खिली
हवा में घिरी
आकाश की नीली बुलन्दी को
अपने फैलाव से
ललकारती रहती है
लाखों आँखें भी
इसे निहारती रहती हैं।

शायद नयी हवेली
की बुनियाद
पुरानी हवेली की बुनियाद की नाती है।

नयी हवेली की
खुशबूएँ तो शायद
अलग हो सकती हैं
परन्तु इससे उठने वाले
गैर ख़ुश-बूई बुख़ारात
वही हैं।

मुझे जीने दो
इसको देखते रहने दो
इसके काँधों को
यदि तोड़ न पाया
तो भी
एक दिन
इनको लाँघ ज़रूर लूँगा।

हर शहर का अपना एक

हर शहर का अपना एक
शोर होता है
और एक गुमनामी
जो आया तितर बितर हो गया।

सब मकान पक्के हो गये
और दिल दिमाग़ भी पक्के
अब कोई इनसान
गिरावट से परेशान नहीं होता।

आपसी प्रेम मिलाप
धर दिये पिछवाड़े में
अब कोई इनसान
झूठी बनावट से परेशान नहीं होता।

गाँव के बाहर

गाँव के बाहर
कुटिया में
अर्धनग्न बाबा कहते हैं
कि
सूरज की एक आँख है
और हाथ हज़ार
अपनी उँगलियों के पोरों से
ये प्रकाश बाँटता है
और रखता है
नज़र एक
सब पर बराबर
और आँख भी कभी नहीं झपकता
रहता है लपकता
तिमिर को मिटाने में
हर दम तत्पर।

और कहते हैं कि
समाज के भी सूरज होते हैं
जिनके होते हैं हाथ एक
और आँखें हज़ार
बारीकी से सबको देखते हैं

और अपने हाथ के
पोरों से ग्रहण करते हैं
ये सब सूरज
केवल ग्रहण करते हैं!
केवल ग्रहण वाले सूरज!!

झुग्गी-झोंपड़ी कालोनी के

झुग्गी-झोंपड़ी कालोनी के
ऊबड़-खाबड़ गलियारों के सैकड़ों वासी
होते नहीं कभी प्रवासी
और
वहीं पर पनपते बढ़ते रहते हैं
जैसे ठहरे पुराने पानी पर
हरा जाला
पनपता बढ़ता रहता है।

और रात को सोने से पहले सोचते होंगे
शायद यही कि सुबह होगी
सब लुटीपिटी ग़रीब बोझल जर्ज़र दीवारें
लोहे के गेट वाले भवनों में तब्दील हो जायेंगी
बिल्कुल वैसे जैसे एक लैम्प से अलादीन निकल आता है।

दीवारों पर चमक लिपट जायेगी
गलियाँ साफ़ निकल आयेंगी
कहीं नीचे से
गन्दा पानी बह जायेगा कहीं।

रेत से सने
अर्धनग्न काले कलूटे बच्चे
टाई लगाये रिक्शा में बैठे
सब चले जायेंगे स्कूल।

चिंघाड़ते सूअर कहीं अपना
नया रास्ता टोह लेंगे।

और सोचते होंगे
मन्दिर के सभी देवता
हमें कुछ नहीं देते
जैसे देते हैं सबको
बिन माँगे
फिर याद आते होंगे
टैंट के नीचे बैठे
किसी बापू के
सुन्दर शब्द
हम सब देवता हैं
हमारा भगवान अभी भी
विचरता है चारों ओर
इस गन्दे नरक को छील फाड़ कर
इससे नया स्वर्ग निकाल लेना है।

लेकिन कैसे?

नींद का देव भी कितना सार्थक है
ज़िन्दगी की हर नयी सुबह तक
हमें सहारा देता है
दिन का भगवान भी
कितना मायावी
प्रेरित करता है
हर वक़्त
बारहवीं सीढ़ी पर खड़े को
ग्यारहवीं सीढ़ी पर चढ़ने के लिए।

मैं हवा हूँ मेरा वतन कहाँ

मैं हवा हूँ मेरा वतन कहाँ
मेरे दम पे तो है ये सारा जहाँ
मेरे लबों पे ये ख़ुशबू की लहर
मेरे सीने में छुपे ये चारों पहर
मैं हवा हूँ मेरा वतन कहाँ
मेरे दम पे तो है ये सारा जहाँ।

मैं कोई वक़्त बेवक़्त का झोंका नहीं
मेरा वजूद है बस बेपनाह
मेरी आरज़ू है कि कोई दीवार न हो
ज़िन्दा हों मस्तियाँ सब ख़ुशगवार हो
मैं हवा हूँ मेरा वतन कहाँ
मेरे दम पे तो है ये सारा जहाँ।

मैं कोई वक़्त बेवक़्त का झोंका नहीं
बड़े तूफ़ानों की भी मैं हमनशीं
बवण्डर भी उठते हैं मेरी बला से
कभी बहती हूँ फन से ख़ामोशी से
समन्दर भी नाचते हैं कोलाहल से
मैं हवा हूँ मेरा वतन कहाँ
मेरे दम पे तो है ये सारा जहाँ।

कोई यूँ ही मुझे क़ैद कर सकता नहीं
मुट्ठी में भी बन्द रख सकता नहीं

चाहे मुझे समझें लोग बेज़ुबाँ
मैं हठी हूँ बस बहती हूँ सब जगह
मैं हवा हूँ मेरा वतन कहाँ
मेरे दम पे तो है ये सारा जहाँ।

कोई ग़म नहीं मुझे है मेरे हमदम मेरे साथी
चाहे यूँ ही लुटाया हो
मैंने ख़ुद को इस जहाँ में
मैं हवा हूँ मेरा वतन कहाँ
मेरे दम पे तो है ये सारा जहाँ।

कारवों के आगे मेरा

कारवों के आगे मेरा
इक कारवाँ चलता रहा
रास्तों से निकले रास्तों तक
इक आफ़ताब जलता रहा।

हर शख़्स का इक साया है
और इक आरज़ू
सायों से जुस्तज़ू करने वालो
रोशनी की लौ बनो
आरज़ू करो तो रोशनी से
सायों से साये कभी बनते नहीं
और बनती नहीं कभी ज़िन्दगी
क्यूँ कि रोशनी वो जलाल है
जो हर ज़र्रे को
आफ़ताब बना दे।

शमा हूँ मैं रोशन हूँ

शमा हूँ मैं रोशन हूँ
गुलज़ार हूँ बागे बहार हूँ
हर जिस्म की रूह हूँ मैं
सुबह का सितार हूँ
सफ़ेद नीले चश्मों
की गुहार हूँ
भीगे जंगलों से उठती
ख़ुशबू हूँ मैं
काले सफ़ेद बादलों की फुहार हूँ
मेरे गिर्द गुनगुनाते परवानो
मैं तुम्हारे गीतों का राज़ हूँ
तुम तो महान हो जो
मुझ में मिलकर
मुक्त हो जाओगे
मैं तो सिर्फ़ जलती हूँ
यूँ ही बस जलने के लिए।

जब रास्तों की बात होती है

जब रास्तों की बात होती है तो वे
मेरे घर का दर बता देते हैं यारो

यहाँ मंज़िलों का ज़िक्र होता है तो ख़ुद को
बिठा लेते हैं यारो।

जान-बूझकर शायद वे धोखा नहीं देते
पर पता नहीं हर बात में धोखा देते हैं।

ख़ता किसने की सज़ा किसे मिली
फिर भी नहीं मानते कि धोखा देते हैं।

वक़्त की हवा चली

वक़्त की हवा चली
कोई मुलज़िम हो अँधेरे की
गर्त में चला गया
कोई तख़्त से तख़्ते
में नप गया।

बातें तो बहुत हैं कहने को

बातें तो बहुत हैं कहने को
और अन्दाज़ भी हैं
पर वो तड़प
अब कुछ बदली-बदली सी लगती है।

मकान था पुराना
और रिश्ते भी वही पुराने
पर वो जुस्तजू़
अब कुछ बदली-बदली सी लगती है।

बागे-बहार वहीं थी
और गुल व गुलज़ार वही
लेकिन वो ख़ुशबू अब कुछ
बदली-बदली सी लगती है।

हाँ हुआ तो कुछ ज़रूर
या तो ज़माना उठ कर
आगे सरक गया।
या फिर हम ही
ज़माने से अलग
हाशिए पर पड़े रह गये।

मुझे उनसे कोई गिला नहीं रहा अब
क्योंकि वो किनारे
अब ख़त्म हो
वृत्त हो चुके थे।

दुनिया क्या है

दुनिया क्या है
सबब है या फिर अदब है
बेबस है या बेख़बर
फ़लक में खिले तारों से पूछो
कि दुनिया क्या है।

घुड़-दौड़ में पिछड़े सवारों से पूछो
कि दुनिया क्या है
या फिर ख़ुदगर्ज़ दीवारों से पूछो
कि दुनिया क्या है।

मुझसे मत पूछो
कि ये दुनिया क्या है।

रास्ते में पड़े ज़िन्दगी के ढेरों से पूछो
कि दुनिया क्या है
बैसाखी पे खड़े उन नौजवानों से पूछो
कि दुनिया क्या है।

मुझसे मत पूछो
कि दुनिया क्या है।

गुज़रते रहे दिन के दिन
रात पे रात
पर हम सलामत रहे सालों साल।

न कुछ बदलना था
न कुछ बदला
बस चुपके से एक साल और
निकलता ही गया
सवाल यूँ के यूँ रहे
दुनिया वहीं की वहीं
खड़ी आज भी
वहीं की वहीं।

सपना कोई मिला नहीं

सपना कोई मिला नहीं
यूँ ही रात गँवाई मैंने

अपना कोई मिला नहीं
यूँ ही दिन गँवाया मैंने

यह कठपुतली सी ज़िन्दगी
यह क़दमों की चाल [illegible]ज़ानी

रोज़ निकलता है दिन
मगर रहती है हर रात बेमानी।

मुझे शामे ग़म की रातों का डर है

मुझे शामे ग़म की रातों का डर है
भेदों का डर है बातों का डर है।
गुलज़ार होता हर लम्हा, दिन होता
बीत जाता स्याह हर लम्हा, दिन होता
मुझे शामे ग़म की रातों का डर है।

मुझे शामे ग़म के सायों का डर है।
रुख़सतों का डर है, आहटों का डर है।

बाग़-बाग़ होता हर लम्हा, दिन होता
बीत जाता बदकार हर लम्हा, दिन होता
मुझे शामे ग़म की रातों का डर है।
ऊँची आवाज़ में गाता, परिन्दों का संग होता
कभी धीमे गुनगुनाता, सरगम का रंग होता।

डर तो बालू है सब आकार खो देगा
इधर-उधर उड़ भुर सब आयाम खो देगा
फिर हर लम्हा रोशन होगा दिन होगा
न डर होगा न ग़म होगा बस दिन होगा।

एक लाचार औरत

एक लाचार औरत
और उसकी दो आँखों का
बरबस एक आँसू
समय को कोसता
वो बेतरकस आँसू
ज्वलन्त आँखों में
वो भभकता आँसू
टूटे सपनों का वो
बेबस आँसू।

किसी को किसी से

किसी को किसी से
वास्ता नहीं है यहाँ
दोस्त जो दिखते हैं
दोस्त दोस्त हैं कहाँ
फिर भी मान है
गुमान है
दोस्ती पर जान
क़ुर्बान है।

आहट भी होती थी

आहट भी होती थी
कभी उसके आने की
दिल थाम लेता था
ये आस्माँ और बागबाँ
लेकिन कभी रुक न सका
वो कारवाँ था बहार का।

फूलों के दिन थे
पत्तियों की ज़िन्दगी
देखते रहे उन फ़िज़ाओं को
घिरते बिखरते
लेकिन कभी रुक न सका
वो कारवाँ था बहार का।

किस्मत से मिलती हैं
ये आपस की जुदाइयाँ
रुख़सत हुआ और फिर
मिला वो कारवाँ था बहार का
आगे मैं और पीछे वही
कारवाँ था बहार का।

गुज़र तो करते हैं सब यहाँ

गुज़र तो करते हैं सब यहाँ अपने लिए
जीते औरों के लिए तो
अच्छा होता

अपने गीत तो गुनगुनाते हैं सभी
औरों का गीत गाते तो अच्छा होता
थक हार के बैठते तो हैं यहाँ सभी
वहाँ उठ के चलते तो
अच्छा होता

जीते तो हैं यहाँ सब अपने लिए
जीते दूसरों के लिए तो
अच्छा होता

न चाँद चमकता अपने लिए
न सूरज चमकता
न पवन बहती अपने लिए
न पानी बरसता
सीख लेते यह सब इनसे
तो अच्छा होता।

क्या मायना है

क्या मायना है
उस लहर का
जो ना उठे टकराये
तोड़ दे पाषाण पत्थर
बदल डाले किनारे
क्या मायना है
उस लहर का
जो ना उठे टकराये
हारना तो
कभी जाना नहीं
जीतना हो चाहे मुश्किल
अपने से भीतर
लहर की उठती हुंकार
जानते क्यों नहीं
पहचानते क्यों नहीं
इसे।

सहारा मरु फैल रहा है

सहारा मरु फैल रहा है
रेंगता पनपता
पश्चिम भूमण्डल से पूर्वी खिड़की तक
गंगा नहीं हुई है अभी तक
लुप्त
केवल हरा गन्दा जाला
जो कहीं नीचे से निकल
पानी निर्मल को
तेलिया आवरण पहना देता है
चुपके से।
मन्दिर मस्जिद गिरजा
सभी खड़े
बहाव में हैं
बड़े-बड़े सूराख़ लिए ये
एक बड़ी नाव में
जिसके पतवार चप्पू
जर्जर टूटे हैं
जाला मन्दिरों की सीढ़ियों को
रिपटा चुका है
गिरजा की घण्टियाँ
डूब चुकी हैं इसमें
सरोवर में खो चुके
उदास फूल फैले
इधर-उधर झुण्डों में।

कहीं का बादल है ये

कहीं का बादल है ये
कहीं पे बरसेगा
जिसका मन निर्मल होगा
वही मन इसे भर लेगा
कहीं का बादल है ये
कहीं पे बरसेगा

घनघोर घटाएँ छा रहीं
झूम वेला नाच रही।
मन मोर मंगल गा रहे
पीहु-पीहु बोले पिया रे

मशाल है ये एक सोच की

मशाल है ये एक सोच की
जलती रही दिन रात
ज्वाला है तो रोशनी होगी
धुआँ राख बस एक बात

लपटें फैलीं आकाश तक
नव आकांक्षाओं से भरी हुई
बिखेर दिये थे सपने नभ तक
निराशाएँ अब डरी हुई

आशा की भी है अपनी भाषा
कभी आँखों में चमकती
कभी बाजुओं में फड़कती
आशा की भी है अपनी भाषा

निराशा की हथेली पर आशा के दीप जलाओ
अँधेरे घर की ड्योढ़ी पर
सपनों की ज्वाला सुलगाओ
ढीले तन सुप्त मन से
न होगा अमृतपान
न विजय होगी
न होगा शंख गान।

नीलकण्ठ

कई बार लगता है

कई बार लगता है
मैं सिर्फ़ एक किरदार हूँ
इस किरदारों के बाज़ार में
जिसे कई बार सँजोया
कई बार धोया
कई बार पिरोया
समय की चाल-ढाल में मैंने
कई बार लगता है
इस किरदार में
कई और किरदार दबे हैं
और
कई दूसरे सजग है

कभी लगता है इस किरदार से
मैंने कई किरदार बो दिये
मेरे किरदार का एक
एक चरित्र है
जो पवित्र है
फिर भी
पुण्य-पाप के चाक पर
मैंने इसको ख़ूब घुमाया

अब यह परिपक्व भी है, स्वाधीन भी
समाज के नव अंकुरित
कपोलों में
अपने अस्तित्व को ढूँढ़ता है
अब यह
दिन-रात।

वो तो कोई जुनूनी होगा

वो तो कोई जुनूनी होगा
जो करता है ख़ुद से बातें सड़क पर
कोई उसे रहनुमा मानता
कोई शहर का पागल
उलझे बाल, बढ़े नाख़ून
फटे पुराने कपड़े
थेगली लगी एक बस
लम्बी सी चादर।

अब तक की गुज़री
ज़िन्दगी की ताक़ीद
थेगली लगी एक लम्बी
सी चादर
उसे चकाचौंध से क्या लेना
लेकिन शहर की रफ़्तार से
वाक़िफ़ था।

पर रहता था
उलझा हमेशा कुछ अनुत्तर प्रश्नों में
कभी हँसता कभी रोता
कभी आकाश को देखता रहता
और कभी एक छोटी चींटी
रेंगती ज़मीन से उठा
आकाश की ओर फ़ेंक देता

और खिलखिलाता
घण्टों तक।

वो तो कोई जुनूनी होगा
जो करता है ख़ुद से बातें
सड़क पर
कोई उसे रहनुमा मानता और
कोई शहर का पागल।

जीवन कभी एक बूँद सा

जीवन कभी एक
बूँद सा
सुर्ख लाल तवे पर
शोर करता तड़कता

शबनम सा कभी
और किसी ठण्डी
कोमल पुलकित
कपोल पर थिरकता

तो कभी बहता
गद्गद झरने सा
निर्मल पवित्र शीतल
गँदली गंगा सा कभी
फिसलता किनारों से
रफ़्ता-रफ़्ता रफ़्तार से
रिश्तों में बँध जाता
कभी गुँधे हुए मिट्‌टी के
ढेलों सा
यहीं कहीं ढूँढ़ता थककर
कोई कोण कोई त्रिकोण
नये नूतन
ठहराव के लिए पड़ाव के लिए।

आईना तो मासूम है

आईना तो मासूम है
शान्त है
बस तुम्हें मिलाता है
तुमसे
एकदम बेझिझक
तोड़ भी दोगे इसे कभी
तुम आवेग में
दिखाएगा फिर भी
तुम्हें एक आकृति
विकृत सी बिखरी।

अपने पीछे छिपे हुए
दर्द नहीं दिखलाता
बस हँसता है जब तुम
हँसते हो
रोता है जब तुम रोते हो
आईना तो मासूम है
शान्त सा
बस तुम्हें मिलाता तुमसे
एक दम बेझिझक।

नीलकण्ठ शिव

नीलकण्ठ शिव
काली आधारशिला पर अडिग
रोशन होती
नंगी बर्फ़ के बीच
शान्त मुद्रा में
तन्मय
कलकल जल की धारा
नीला गगन
चौड़ी छाती किये पर्वत
इठलाती नदियाँ
चाँद सूरज तारे
आकाश गंगाओं में
इसके साथ ही
इसकी गोद में बैठे
अभी तो शान्त है
शब्द में शब्द मिलाये
अभी तो शान्त है।

ऐ मेरे दोस्त अब तो बता दे

ऐ मेरे दोस्त अब तो बता दे
उसके दर का वो पता
रास्ते तो बहुत से हैं पर
वो ख़ुदा मिलता नहीं।

ऊँची बुलन्द आवाज़ भी दी
हर रोज़ मैंने तनहा
उत्तर मिला कि हर तरफ़ हूँ
पर वो ख़ुदा मिलता नहीं।

मैंने मन मन्दिर की मूरत से भी
पूछा नतमस्तक हो
देखो गौर से अपने से अन्दर
पर वो ख़ुद मिलता नहीं।

महायोगी

महायोगी
बोलता करता
सब कुछ
एक साथ
न एक तोला अधिक
न एक तोला कम
बार-बार
दोहराता
सब कुछ
एक साथ
न एक तोला कम
न एक तोला अधिक
नया समय
नये लोग
नया स्थान
नये योग
विडम्बना एक
चरम सीमा फिर भी

कोई नहीं
जीवन का आशय
यही बस
एक निरन्तरता

एक भाव
एक विचार
एक साक्षात्कार
अक्षुण्ण बस
अक्षुण्ण।

रोज़ ज़िन्दगी के रास्ते

रोज़ ज़िन्दगी के रास्ते
गुज़र जाती है धूप-छाँव
यादें रहती हैं ज़िन्दा
एक साया सी
ताउम्र
एक काली लम्बी सुरंग
और फिर एक ज्योति पुंज
तलाश जारी है
एक तलाश।

दिन से कहती है रात ये इठलाती

दिन से कहती है रात ये इठलाती
कड़ी तपन तूने दी चाहे
चमकते कितने रहे दिन तुम
पर तुम मुझे देखो
समेट लेती हूँ मैं
तुम्हारे सारे ये इरादे
भोर तक तो रहेगा
मेरी ख़ुदी का आलम
चुनचुन कर तारों में मुस्कुराती रहूँगी मैं
शीतल हवा के संग
दिन से कहती है
शाम ये इठलाती।

उम्मीदों में सँजोए

उम्मीदों में सँजोए
ये ढेर से सपने
रेशमी हैं
तिलिस्मी हैं
जानती हूँ
फिर भी हैं अपने
ये ढेर से सपने।

ये दुनिया ये जहाँ

ये दुनिया ये जहाँ
ये ज़िन्दगी ये आसमान
सिमटा एक इबारत में
जिसे पढ़ते सब हैं
पर समझता कोई कोई
बहुत कुछ तुमने सोचा
बहुत कुछ हमने सोचा
उलझन का हल तो
है ज़रूर
पर हर उलझन हल नहीं होती।

उलझे से दिन
बन्द गली सी शाम
बेचैन रातें
बोझिल सवेरा
खुली आँख का सपना
ये दुनिया ये जहाँ।

फ़नकार को

फ़नकार को
तकदीर से क्या
तदबीर से क्या
वो तो ज़िन्दा है बस
इक ख़्वाब से
इक फ़न से
फ़नकार की ख़िदमत से
खुदा राज़ी न हुआ तो क्या
और राज़ी हुआ भी तो क्या।

मैंने तो बस इक दिन
खुद के गिरेबान में झाँका
तो उसका एक अजीब सा अक्स पाया
अजीब सा
अजनबी सा
और अपना सा भी
और एकदम
करीब सा भी।

मैं तारों पे ज़मीन ढूँढ़ता रहा

मैं तारों पे ज़मीन ढूँढ़ता रहा
और ज़मीन पे तारे
रोशनी हवा में
और पानी में
मिट्टी के गुबार ढूँढ़ता रहा
पानी के पाश में
हवा के वेग को
और उठती आग की लपटों में
कुछ आकार
यूँ ही बस ढूँढ़ता रहा ताउम्र?
जब भी आया करीब
उसके
पर वो अज़ीम न मिला।

रोशनी के गुबार

रोशनी के गुबार
और यह पसरा अनन्त आकाश
बारी बारी से आता
घुप अँधेरा और फिर
चिलचिलाता प्रकाश।

आँख मिचौनी सा करता रहता
यह विचित्र खेल
न जाने कब से चल रहा है।

अपने अस्तित्व को सँभाले
सहजता से
वो इसे सेवता रहता है
बने रहने के लिए
हमें कहीं दिखता भी नहीं
सब जगह रहता है विद्यमान
उजाला सा अँधेरा सा।

घोर विराट महान

घोर विराट महान
कोई कितना हो
मर्यादा उतनी ही
घोर विराट महान
होनी होती है
क्योंकि
घोर विराट महानता
जब विकराल
हो जायेगी तो
प्रलय-महाप्रलय में
समय नहीं लगता
बस एक पल
एक विपल।

टूटे-बिखरे पत्तों पे

टूटे-बिखरे पत्तों पे
चलते ये परिन्दे
उठ के गिरते फिर
गिर के उठते ये परिन्दे
शाखों पे
डालों पे
फुदकते ये परिन्दे
चोंच से चोंच लगाये
प्यार में रमते ये परिन्दे

नीले नभ के
दूर छोर तक
वृन्द के वृन्द
कोण बनाये ये परिन्दे
आकार लय में पंखों को फड़फड़ाते
ये परिन्दे
फैली उजियारी सी
सजग किरण में

एकटक देखता
टुकर टुकर
मेरा लालायित मन
इस उन्मुक्त कल्लोल
को पाने को।

मुट्ठी भर आकाश

मुट्ठी भर आकाश को
दबाए हाथ में
फैले नीले आकाश के अहम् के
नीचे साये में
लम्बे समय की
लम्बी डगर पर
खोया सा मैं
फिर भी मैंने
सब तरफ़ उछाला
मन को
पर कहीं नहीं अटका
सटका समय को
घूँट-घूँट
पटका तन-बदन
पर कहीं नहीं अटका
एक छोर से दूसरे
छोर तक
यूँ ही दौड़ा मैं
मुट्ठी भर अहम् को
दबाए दिल में।

वो कह रहे थे

वो कह रहे थे
मन्दिर के बाहर
भगवे रंग में रँगे हुए कि
धर्म के दो पहलू हैं
एक मेरे पास है
और
एक तुम्हारे पास है।

मैं उसे ढूँढ़ता हूँ
क्योंकि उसका अस्तित्व है
मैं मानता हूँ।
तुम उसे तलाशते हो
अपनी पीड़ा की लपटें
मिटाने को
क्या हम दोनों एक से
स्वार्थी नहीं हैं?
वे पूछ रहे थे

हाथ फैलाए आकाश में
उनकी आँख में
आँसू थे
मेरा अस्तित्व उसके
अस्तित्व में समा न सका
मैं अलग रहा

उसको पा न सका
पर तुम्हारी लपटें तो
शान्त सी दिखती हैं
आस्था की आँधी ने
उन्हें बुझा दिया है
वो बस कहते जा रहे थे
बस कहते रहे
मन्दिर के बाहर
भगवे रंग में रँगे हुए।

तेरी ख़ुशबू

तराने वाला आ गया

तराने वाला आ गया
उसकी खुशबूओं से
उसके आने की
आहट होती थी
पर अब
उसके आने से पहले
उसकी खुशबू का
एहसास होता है।

चेहरा ये नूर से भरा हुआ

चेहरा ये नूर से भरा हुआ
चाँद यौवन पे है फिर भी डरा हुआ
किसने देखी है दागों की कहानी
हक़ीक़त है बस ये एक नूर की ज़बानी
तक़दीर का खेल है इसकी मियाद नहीं है
बार-बार होता है और फिर फ़रियाद नहीं है।

दिल से निकली है ये आवाज़

दिल से निकली है ये आवाज़
अब उनको बुला ही लेगी मेरी आवाज़
हर आईने में देखता हूँ मैं उनका अक्स
अब नहीं बख़्शेगी उनको मेरी आवाज़
रातें भी होंगी
मुलाकातें भी होंगी
बातें भी होंगी
गिले भी होंगे
शिकवे भी होंगे
रातें आबाद होंगी
दिन नाबाद होंगे।

तेरे इश्क़ से बढ़ के

तेरे इश्क़ से बढ़ के कोई इश्क़ न जाना हमने
तेरी जुस्तजू में हर दिन जिया हमने
इन मोहब्बतों के गलियों कूचों में
बस सुबह-शाम ही तुझे निहारा हमने
मशाले इश्क़ है न बुझती है बुझाने से ये
बस न कोई क़ाबा न बुत बनाया हमने।

इतनी ज़हमत न उठा इश्क़ करने की
यह तो वह चीज़ है जो किसी किसी पर बरसी है
मशक्कत की राहों से बढ़ कर राहें और भी हैं
जो सदा ही खुली हैं तेरे चलने को।

यूँ तो परवाने बहुत थे जल भी गये इसके गिर्द
लेकिन अभी यूँ ही खुद को न जलाया हमने
कहते थे हर रोज़ आँखों में कुछ अनकही बातें
पर सिले से कभी हमें न बताया उसने।

जान लिया है मैंने अब तुम्हारे दिल का राज़

जान लिया है मैंने अब तुम्हारे दिल का राज़
आते नहीं तुम बाज उस साज़ को बजाने से
जिसके तार तुमने तोड़ दिये थे बरसों पहले
वक़्त भर सकता है हर ज़ख़्म को कुछ वक़्त के बाद
लेकिन हर वो ज़ख़्म हरा रहता है जो वक़्त ने दिया हो
इस टूटे साज़ को बजाओगे तुम अगर
तो मुझे सिर्फ़ बिखरा ही पाओगे।

मेरे ख़्वाबों में है ज़िन्दा तेरी जुस्तज़ू

मेरे ख़्वाबों में है ज़िन्दा तेरी जुस्तजू
मेरी ख़ुशबूओं में है मिली तेरी ख़ुशबू
मैं तो ज़िन्दा हूँ हर पल तेरे नाम
ज़िन्दगी की कहानी है बस
इन साँसों की ज़ुबान

मेरे रास्ते से कभी नहीं
निकला कोई दूसरा रास्ता
हुआ है हर दिन हर शाम तेरा वास्ता।

तेरे बदन की ख़ुशबू

तेरे बदन की खुशबू
वो आँखों की चमक याद आती है मुझे
मेरे आग़ोश में बैठी थी तू
वो सिहरन याद आती है मुझे।

तेरे बदन की खुशबू
याद आती है मुझे
तेरी बातों की वो ज़िद
हाथों की तड़प याद आती है मुझे।

तेरी नज़रों का वो पाश
वो चेहरे की अदाएँ याद आती हैं मुझे
तेरे बदन की खुशबू
आँखों की चमक याद आती है मुझे।

बार-बार मैं ज़िक्र करता हूँ उस शोख़ ख़्वाब का

बार-बार मैं ज़िक्र करता हूँ उस शोख़ ख़्वाब का
क्या पता फिर वो आये या ना आये
अगर एक बुत होता
तो मैं उससे हर रोज़ बातें करता
वो तो इक ख़याल है बस तसव्वुर में आता जाता
शोख़ हक़ीक़त की चाह तो रहेगी सदा
चाहे वो ख़याल फिर आये या ना आये
वक़्त की बारीक चाल से सदा रहा हूँ मैं बेख़बर
बस सिर्फ़ ज़िक्र ही करता हूँ
उस शोख़ ख़्वाब का बेधड़क।

कोयल काली कुहूकुहू बोले

कोयल काली कुहूकुहू बोले
सावन आयो रे
मोर नाचता झूमर दे के
सावन आयो रे
ओढ़ के चादर हरी भरी ये
सावन आयो रे
काली घटा बन धौली बरसे
सावन आयो रे
रिमझिम बरसा बिजली कड़के
सावन आयो रे
मेरे सजन तुम किस गली हो
सावन आयो रे
ओढ़ के चादर हरी भरी ये
सावन आयो रे।

वो जो रात अभी बाक़ी है

वो जो रात अभी बाक़ी है
वो मन में जो चाहत अभी बाक़ी है
वो जो बात अभी बाक़ी है।

जब तक समय की दहलीज़
पर अन्तिम ठक-ठक न हो
चाह अभी बाक़ी है धूप बाक़ी है।

बन्द अँधेरे कमरे में
छोटी खिड़की से निकली
तिरछी किरण अभी बाक़ी है।

उसकी चमक बाक़ी है
उसकी दमक बाक़ी है।

आओ उस बाक़ी को
उसके पूर्ण छोर तक ले जायें...
और उस पूर्ण से अपना पूर्ण निकाल कर ले आयें।

निश्चिन्त बचपन

निश्चिन्त बचपन
चला गया
समय ने मुझे उछाल
दिया आगे
मुड़ा पीछे देखा
तो उसका खिला चेहरा
अब धूमिल हो चला था
बीते समय की डगर पर
मेरी चाहत थी
इसे जा पकड़ूँ
थाम लूँ इसका
खिसकता दामन
पर बहा पानी
कैसे वापिस आता
और मैं निकलता जाता आगे
समय के संग।

ठण्डी हवा के झोंके

ठण्डी हवा के झोंके
ऐसे आते जैसे कोई
ख़रगोश तेज़ी से भाग
कहीं छुप जाये
उनके संग टूटे जीर्ण पत्ते
भी भागते और सहसा ही
ठिठक कर ठहर जाते
परिन्दें अपनी ही धुनों को छेड़ते
गाते मग्न
कभी लगता
उदास हैं ये सब
कभी लगता उल्लास से भरे हैं इनके गीत
छिपते सूरज की छिपती लालिमा
सबको नमस्कार करती
अलविदा कह रही हो जैसे।

आकांक्षा अभिलाषा

आकांक्षा अभिलाषा
के सूरज में
जलता रहता हूँ
ये बन जाऊँ
या वो बन जाऊँ
मन शरीर तड़पता रहता
उनकी जकड़न में
फिर पूर्ण सन्नाटा छा जाता
दूर से कोई बजती घण्टी की आवाज़
जगा देती
अरे उठो, लड़ो और ले लो
उसे जिसे पाया नहीं
अब तक।

तुम बनाओगे अपने घर

तुम बनाओगे अपने घर
उड़ते बादलों में
ऐसा सोचा न था हमने
और हमारे पैर उलझ जायेंगे
बीहड़ जंगलों में
ऐसा सोचा न था हमने
मुझे पीड़ा होती है जब
कोई बादल फटता है
कहीं तुम्हारा घर
मेरा घर न हो जाये
मुझे तोड़ मरोड़ के उड़
गये थे बादलों में एक दिन

अब तुम्हारा डर मेरा डर ना हो जाये
सो मुलामतें सही मैंने
सो तोहमतें भी
अब तुम्हारी पाक चादर में
मेरा राग हमारा राग ना हो जाये।

मुझे याद रखना मेरे दोस्त ता-उम्र

मुझे याद रखना मेरे दोस्त ता-उम्र
एक तुम थे जो उड़ गये
एक मैं था जो बिखर गया
तेरी आमद पे तो यक़ीन था मुझे
पर तू आया तो तूफ़ान बन के आया।

तेरी इनायत पर तो
यक़ीन था मुझे
पर तू बरसा तो निधि
निधान हो बरसा।

तेरी उल्फ़त का पलट
कर क्या जवाब दूँ
मेरा सुर भी तू है साज़ भी तू

ऐसी जिल्लत भरी
निगाह से न देख मुझे
एक वक़्त था जब मैं
तू था और तू मैं।

मायूस न हो मेरे दोस्त

मायूस न हो मेरे दोस्त
ये वक़्त बदल जायेंगे
ये हसरतें बदल जायेंगी
ये ख़्वाब बदल जायेंगे

मुझसे रूठ कर तुम
जाओगे भी कहाँ
ये नये दोस्त बदल जायेंगे
ये हालात बदल जायेंगे

मुझे तेरी रोज़ की ज़िद से
क्या वास्ता
ये सवाल बदल जायेंगे
ये जवाब बदल जायेंगे

तेरे सवालों का क्या
जवाब दूँ तुझे
तू एक ख़ुद सवाल है
मैं ख़ुद एक जवाब।

मेरे मन की ये बात कुछ अजीब है

मेरे मन की ये बात कुछ अजीब है
मैं रोकता भी हूँ ये बहता भी है
किसी के रास्ते का हूँ
मैं पत्थर मील का
कई मुरीद लाँघ गये
मान के मुझे रक़ीब सा।

क्या सुनाओगे मुझे अपनी गाथा

क्या सुनाओगे मुझे अपनी गाथा
ये मेरे द्वारा पढ़ी हुई है
हर पन्ने पे लिखी लिखावट
मेरे शब्दों से कढ़ी हुई है।

राह में जो छोड़ दे

राह में जो छोड़ दे
वो कैसा रहनुमा
जो किये वादे तोड़ दे
वो कैसा मर्द जवाँ।

□□